AF450347

DE LA VICINALITÉ
DU DÉPARTEMENT DE L'OISE,

PAR

M. GÉRARD,

Membre de l'Assemblée nationale et du Conseil Général de l'Oise.

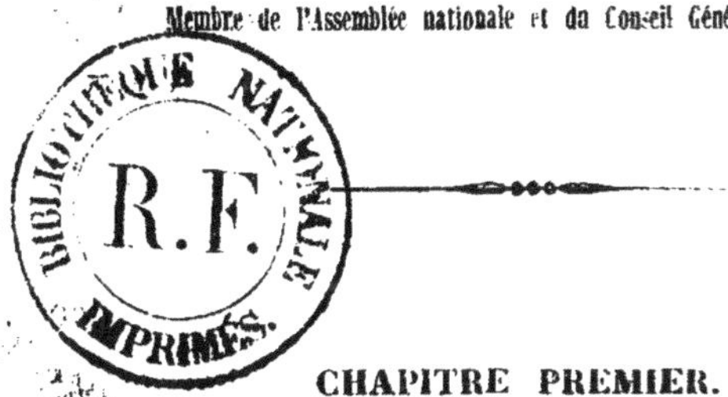

CHAPITRE PREMIER.

Ce que le département de l'Oise a fait depuis vingt ans pour sa vicinalité, et s'il doit persévérer dans la même voie d'amélioration.

Si le prix que l'on met aux choses est la mesure la plus exacte de leur utilité, et je crois qu'il en doit être ainsi dans beaucoup de circonstances, on peut en conclure que la vicinalité d'un pays est son intérêt le plus actuel, le plus pressant et le plus considérable. C'est, en même temps, celui qui, dans la sphère des satisfactions matérielles, met le plus de passions en jeu. — En effet, tout le monde comprend aisément l'importance de bonnes voies de communication, et il est tout simple, tout naturel que les populations, dans leur intérêt respectif, cherchent à avoir leur part des dépenses communes, prélevées en centimes additionnels sur la fortune de tous. — C'est aussi parce que tout le monde comprend cette importance qu'on accepte sans trop de répugnance des sacrifices qu'on n'accepterait assurément pas, si l'on n'était convaincu de la réalité des avantages qu'on doit en retirer.

Ce que le département dépense pour ses chemins.

Pour exprimer mathématiquement la puissance de cette vérité, en ce qui concerne le département de l'Oise, il me suffira d'énoncer deux faits, savoir : 1° que sur un budget montant, pour 1848, à 1,424,375 fr. 74 c., on a appliqué à la vicinalité départementale l'énorme somme de 1,003,810 fr. 10 c., y compris celle de 60,000 fr. résultant des subventions communales pour les chemins de grande communication, et 2° qu'on porte annuellement sur les chemins de la petite vicinalité une autre somme de 737,139 fr. 33 c. environ, y compris 278,282 fr. 71 c. de prestations faites en nature.

Ces deux sommes réunies forment un total de 1,740,949 fr. 43 c. — Or, quand on dépense chaque année 1,740,949 fr. 43 c., tant pour les routes départementales et les chemins de grande communication, que pour les chemins de la petite vicinalité, on doit nécessairement arriver à des résultats.

Voyons donc quels ont été dans notre département les résultats obtenus.

Je ne parlerai qu'en passant des routes nationales, parce qu'elles ne relèvent pas du budget départemental ; aussi, je dirai seulement que le département de l'Oise possède 604 kilomètres de routes de cette classe et reçoit sur le budget de l'Etat 435,000 fr. pour leur entretien, ce qui représente 0 fr. 72 c. par mètre ou 720 fr. par kilomètre.

Routes nationales. — 604 kilomèt.

En 1831, le département ne comptait que dix-huit routes départementales, dont 355 kilomètres seulement étaient à l'état d'entretien. — Le Conseil général a voté le classement de dix nouvelles routes, d'où il suit que nous avons aujourd'hui vingt-huit routes départementales, offrant un parcours de 778 kilomètres qui sont toutes à l'état d'en-

28 routes départementales. — Parcours 778 kil. — Dépense d'entretien.

tretien, et sur lesquelles nous n'avons à apporter que quelques améliorations dont l'usage a démontré la nécessité.

C'est, on le voit, une augmentation de 423 kilomètres ; c'est un parcours plus que double de celui qui existait en 1831, et même encore en 1834.

L'entretien de ces 778 kilomètres de routes départementales s'élève, en prenant pour base cet exercice, à 362,601 fr., savoir : 342,643 fr. 65 c. pour entretien proprement dit, et 19,957 fr. 35 c. pour personnel et frais divers, ce qui représente un ensemble de 0,466 m. par mètre, ou 466 fr. par kilomètre, ou en d'autres termes : 440 fr. 50 c. pour entretien et 25 fr. 50 c. pour personnel, etc. etc.

Loi de 1836. — 31 chemins de grande communication. — Parcours 408 kilom. — Construction. — Entretien.

La loi de 1836, qui réglementa les chemins vicinaux, donna en même temps les moyens de les confectionner et de les entretenir.

Le Conseil général classa 31 chemins de grande communication, comprenant un parcours de 408 kilomètres, dont 317 étaient à l'état d'entretien, et 91 restaient à confectionner au 31 décembre 1846.

— Les ressources préparées sont suffisantes pour

que les 408 kilomètres classés soient achevés à la
fin de 1851.—L'entretien de ces chemins montera
alors à la somme de. . . . .   172,600 fr.

A la quelle il convient d'ajouter
pour personnel et frais divers, environ. 57.400

       Ce qui fait. . . . .   230,000 fr.

Mais sur cette dernière somme de 57,400 fr. il
y aura environ 34,400 fr. pour personnel et frais
divers de la petite vicinalité, et 23,000 fr. pour
personnel et frais divers de la vicinalité de grande
communication. — De sorte que la dépense des
chemins de grande communication confectionnés
sera pour l'entretien proprement dit
de. . . . .   172,600 fr.

Et pour personnel et frais divers,
de.   23,000

       Total. . . . .   195,600 fr.

Ce qui représentera 479 fr. par kilomètre, ou
423 fr. pour entretien proprement dit,
56   pour personnel et frais divers (1).
479 fr.

(1) On remarquera que les frais de personnel pour les routes

Quant à la petite vicinalité, à la fin de 1846, elle ne comptait pas moins de 1,006 kilom. à l'état d'entretien, dont la confection, en prenant pour base les travaux de 1846, aurait coûté en moyenne 2,940 fr. par kilom. et dont l'entretien a coûté également en 1846, 150 fr. le kilomètre (1).

En récapitulant ce qui précède, il en résulte clairement que les voies de communication se sont augmentées de 1831 à la fin de 1846 de 1746 kilomètres, savoir :

Sur les routes départementales. . .	423 kil.

Sur les chemins de grande communication. . . . . , ...	317

Sur la petite vicinalité.	1,006

1,746 kil.

départementales sont de 25 fr. par kilomètre, et pour les chemins de grande communication de 56 fr. Cette différence vient sans doute de ce que, pour les chemins de grande communication, il y a encore beaucoup de travaux neufs à exécuter, tandis que les routes départementales sont toutes à l'état d'entretien.

(1) Ces évaluations pour la confection et pour l'entretien nous paraissent inférieures à la réalité, surtout si l'on veut exécuter convenablement ces travaux.

Il résulte aussi des chiffres précités que le département de l'Oise aura, suivant toute prévision, à la fin de 1851, une vicinalité générale de 3,546 kilomètres. Savoir :

Ce que sera la vicinalité départementale à la fin de 1851.

Sur les routes nationales. . . . .   604 kil.

Sur les routes départementales. .   778

Sur les chemins de grande communication.   408

Sur la petite vicinalité, à la fin de 1846.   1,006

Sur la même vicinalité, à raison de 150 kilomètres par an (1), en 1847, 48, 49, 50, 51.   750

Total. . . . . 3,546 kil.

Si maintenant nous voulons savoir quelle a été l'action du Département, quelle a été l'influence du Conseil général sur ce mouvement de progrès qui s'accomplit sous nos yeux, mais qui n'est pas encore à sa fin, nous trouverons la preuve de cette action et de cette influence dans le tableau suivant,

Dépenses votées par le conseil général depuis 1828.

(1) Dans le courant de 1846, on a amené à l'état d'entretien 194 kilomètres de chemin de petite vicinalité. — Mais pour que notre appréciation ne puisse être taxée d'exagération, nous avons réduit la confection moyenne d'une année à 150 kilomètres.

qui, présentant les dépenses faites depuis 21 ans par le Département pour les routes et chemins de toute espèce, donne une idée assez exacte des besoins que l'on éprouvait de voies de transport de plus en plus commodes ; car les allocations toujours croissantes du Conseil général de l'Oise n'ont été faites que sur les demandes qui surgissaient de toutes parts.

	fr.	c.	fr.	c.
En 1828, il a été dépensé	136,929	74		
1829.	138,157	86	476,382	93
1830.	201,295	33		
1831.	228,405	64		
1832.	296,304	27	874,587	16
1833.	369,877	27		
1834.	315,227	33		
1835.	369,280	08	1,123,029	07
1836.	438,521	66		
1837.	580,843	73		
1838.	611,018	27	2,027,097	11
1839.	835,135	11		
1840.	957,931	14		
1841.	920,443	25	2,815,749	40
1842.	937,375	01		
1843.	1,003,629	93		
1844.	1,014,595	77	3,008,990	62
1845.	990,764	92		
En 1846, il a été alloué	935,395	88		
1847.	925,115	53	2,804,321	51
1848.	943,810	10		

	fr.	c.
Total. . . .	13,130,157	80

Ainsi, on a beaucoup fait depuis 1828, mais plus particulièrement depuis 1839, pour la vicinalité départementale, et il faut en reporter l'honneur à qui de droit. Il me sera permis assurément de reconnaître et proclamer ici l'action si sage et si intelligente du Conseil général de l'Oise, dont je n'ai pas fait partie jusqu'à présent, et de louer, comme ils méritent d'être loués, des actes auxquels je n'ai pas concouru. Peut-être même me sera-t-il permis, nouveau venu, et sans blesser, je l'espère, aucun sentiment de convenance, sans avoir aucunement la pensée de diriger la moindre attaque contre des collègues qui, comme moi, viennent d'être appelés à l'honneur de siéger au Conseil général du département, d'exprimer hautement mes regrets personnels, et de me faire l'organe d'un grand nombre de nos concitoyens pour être l'interprète de leur reconnaissance envers des hommes que la première élection de ces Conseils avait appelés à gérer nos affaires, qui ont fait partie de l'assemblée départementale jusqu'à la dernière lutte électorale, et dont la direction organisatrice, représentant la volonté même du pays, avait jeté les bases de la pros-

Le Conseil général a bien compris les intérêts du pays.

périté matérielle dont le département est appelé à jouir désormais, **en** cherchant à la développer de plus en plus.

Que doit-on faire désormais?

Voilà pour le passé, mais quel doit être l'avenir? Ne fera-t-on plus rien pour la vicinalité **du dépar**tement et abandonnera-t-on désormais toutes les communes à elles-mêmes en leur disant : *Rattachez-vous maintenant, comme vous le pourrez, aux chemins que nous avons créés?* La vicinalité du pays est-elle complète? ou, si elle ne l'est pas, le Département doit-il la compléter, et comment doit-il le faire? C'est une grave question qu'il importe d'examiner sous toutes ses faces.

Considérations d'équité.

En premier lieu, nous la considérerons sous le point de vue de la justice. Si tous les intérêts n'ont pas été satisfaits, s'il reste un canton ayant droit de se plaindre, si une seule commune est abandonnée et peut s'en prendre à la non-existence d'une route desservant ses intérêts journaliers, aucune considération pécuniaire, et il ne peut y en avoir d'autres, ne doit empêcher l'établissement de cette route. **En** d'autres termes, le Département doit, par sa coopération, faciliter la jonction de toute commune avec une ou plusieurs routes voisines. En effet, les communes qui ne sont pas desservies n'en ont pas moins payé leur contingent pour la confection et l'entretien des routes départementales et des chemins de grande communication dont elles ne profitent que *de loin*, tandis que d'autres qui n'ont pas plus payé en profitent *de près*. Ne faut-il pas aujourd'hui faire quelque chose pour elles? cela n'est-il pas de la plus stricte et de la plus rigoureuse équité?

En second lieu, depuis vingt ans, 13 millions ont été dépensés par le département. Or, peut-on dire aux communes qui, sans en profiter directement, ont fourni une grande partie de ces 13 millions, peut-on leur dire : *Le département ne fera rien pour vous; si vous avez besoin d'une route, établissez-la et entretenez-la vous-même.* Certes, ce serait un langage barbare, et il faudrait singulièrement entendre la fraternité pour s'en tenir à cet oubli de tous droits. Je pense, au contraire, que, puisque pendant vingt ans tous les contribuables ont payé, il est de toute justice qu'ils continuent à payer, jusqu'à ce que tous, autant que possible, retirent de leurs sacrifices les mêmes avantages.

Partant de ce principe, que tous les intérêts doivent être satisfaits dans une mesure équitable et possible, le Département, par convenance, par instinct de justice, par un sentiment d'honneur qui, chez nous, est aussi fort que le droit, doit nécessairement, pour satisfaire les intérêts délaissés, se résoudre à de nouveaux sacrifices, et il ne reste plus dès-lors qu'à examiner s'il le peut à partir de 1852, et quels sont les meilleurs moyens à employer.

Le département, depuis dix ans, a dépensé annuellement près d'un million. Cette année, le budget des dépenses, pour la vicinalité départementale, monte à la somme de 1,003,810 fr. 74 c., y compris 60 mille fr. de subventions communales pour les chemins de grande communication. Peut-il et doit-il continuer à dépenser par an une somme égale? Je le crois.

En admettant alors que le réseau classé de 408 kilomètres de chemins de grande communication soit terminé en 1851, et qu'il n'y ait plus de travaux de rectification et de redressement à effectuer sur les routes départementales, nous aurions une dépense de 592,601 francs, savoir :

1° Pour entretien de routes départementales, y compris la remise des ingénieurs, les frais de personnel et autres . . . . 362,601 fr.

2° Pour entretien de chemins de grande communication, y compris le personnel, tant de ces chemins que des chemins vicinaux ordinaires . . . . 230,000 fr.

Total . . . . 592,601 fr.

La recette étant de . . . . . 1,003,810 fr. 74
Et la dépense de 592,601

Il resterait une somme disponible de. . . . . 411,209 fr. 74

Mais en laissant pour les éventualités de recettes et de dépenses une partie de cette somme, je la réduis immédiatement à celle de 375,000 francs, savoir : 40,000 fr. environ qui doivent rester disponibles (1) sur les centimes spéciaux votés par le département, à la quatrième section du budget, et destinés à l'entretien des chemins de grande communication, et 335,000 fr. résultant de la

(1) Ainsi qu'il sera expliqué ci-après.

surimposition de 8 centimes, que le département a votée pour quatre années, et dont, je n'en doute pas, il demandera le renouvellement à l'expiration de ce délai.

Emploi à faire de ces ressources.

Mais comment peut-on et comment doit-on employer ces ressources ?

Avant de résoudre cette question, il nous paraît utile de jeter un coup-d'œil sur la forme, la division et les règles du budget départemental, et de rechercher les traditions du Conseil général dans sa dernière délibération sur ce sujet, non pas qu'elle doive être obligatoire pour le nouveau Conseil, mais parce qu'elle devra nécessairement exercer une juste influence sur les décisions.

Exposition sommaire du budget départemental.

Nous ferons en peu de mots l'analyse du budget de 1848 (1).

Les dépenses départementales sont divisées en quatre sections.

Première Section. — Sur les dépenses ordinaires montant à 511,000 fr. 78 c., une somme

(1) Nous renvoyons à l'annexe A l'explication plus étendue de la forme d'un budget départemental, et plus particulièrement l'analyse du budget du département de l'Oise pour 1848.

de **280,000** fr. est affectée à l'entretien des routes départementales.

Deuxième Section. — Sur les dépenses facultatives montant à 197,249 fr. 14 c., une somme de 98,392 fr. 74 c. est affectée au personnel et à l'entretien des routes départementales.

Troisième Section. — Les dépenses extraordinaires montant à 348,604 fr. 82 c. sont affectées à la construction, à l'achèvement et à l'amélioration des routes départementales et des chemins de grande communication. — La surimposition de 8 centimes votée et autorisée pour quatre ans produit annuellement 335,737 fr. 86 centimes ; si elle était renouvelée à partir de 1852, elle pourrait être employée à tel objet spécial que la loi déterminerait sur le vote du conseil général.

Quatrième Section. — Les dépenses spéciales pour chemins s'élevant, pour 1848, à 276,812 fr. 54 c. sont affectées 1° à la construction et à l'entretien des chemins de grande communication, et 2° au personnel et aux frais divers de ces chemins et des chemins de la petite vicinalité.

Les recettes de cette section consistent en 5 centimes spéciaux produisant. . . . . 212,000 fr.

Et en fonds communaux, ci. . . . 60,000

Total. . . . . . 272,000 fr.

En 1852, après l'achèvement des 408 kilomètres classés, de chemins de grande communication, les dépenses (1) seraient pour entretien proprement dit de. . . 172,600 fr.

Pour personnel et frais divers de. 57,400

230,000 — 230,000 fr.

Il resterait donc sur cette section une économie de. . . . . . 42,000 fr. environ que le Conseil général serait libre d'appliquer, soit à la construction, soit à l'entretien de nouveaux chemins.

Résolution du Conseil général, prise en 1847, sur la question des chemins.

Voici maintenant le texte de la dernière résolution arrêtée en 1847 par le Conseil général :

« Le Conseil général invite M. le préfet à préparer pour la session prochaine des études de chemins de grande communication, de manière à pouvoir employer à leur exécution dans chaque

(1) Voir la page 5.

arrondissement une somme proportionnelle à la part contributive, en prenant en considération les lacunes et raccordements, tant des routes départementales que des chemins de grande communication.

» Lorsqu'il y aura lieu de pourvoir au classement de nouveaux chemins de grande communication, les classements seront calculés de manière à ce que le produit des centimes et ressources spéciales suffise à couvrir la dépense d'entretien de l'ensemble de la grande vicinalité.

» Il reste bien entendu que, conformément aux précédentes décisions du Conseil général, les ressources créées antérieurement au moyen des 32 centimes de surimposition votés sur les exercices 1848, 49, 50 et 51, ainsi que les autres ressources spéciales sur ces quatre années, seront exclusivement consacrées aux lignes classées jusqu'à leur entier achèvement (1). »

(1) Voir l'annexe B, qui contient l'analyse complète de la délibération générale de 1847 sur la question de la vicinalité départementale.

2

CHAPITRE II.

Ce que le département doit faire à l'avenir pour sa vicinalité. — Divers moyens proposés. — Conclusion.

Il faut faire quelque chose pour achever la vicinalité du département.

Il est évident pour tous les bons esprits que le Département doit achever sa vicinalité; et il est de toute équité qu'il le fasse. Mais comment doit-il le faire? Voilà la question.

Selon moi, il y a trois partis à prendre.

1° Ou continuer à faire des chemins de grande communication, comme on l'a fait jusqu'à présent, sans s'occuper davantage de la petite vicinalité;

2° Ou ne plus faire de chemins de grande communication et s'occuper exclusivement de la petite vicinalité;

3° Ou enfin faire l'un et l'autre, dans une proportion équitable et raisonnée.

Examinons ces trois moyens.

Doit-on continuer à faire uniquement des chemins de grande communication?

Premier moyen. — On pourrait continuer à faire des chemins de grande communication, comme on l'a fait jusqu'à présent, sans s'occuper davantage de la petite vicinalité.

Dans mon opinion, ce qui est fait a été bien fait,

mais il est temps de changer de système. Il fallait avant tout couper le pays par des routes et des chemins qui le sillonnassent en tous sens ; on l'a fait. Il faut maintenant rattacher toutes les communes par des voies secondaires aux voies principales, comme dans le corps humain les petites artères se rattachent aux grandes. C'est le moyen de donner la plus grande utilité possible au réseau de routes que l'on a créé à grands frais.

Si, au contraire, on continue à créer des chemins de grande communication, et si on ne s'attache qu'à ces chemins, on fera de nouveaux *privilégiés*, car on ne peut pas se dissimuler que c'est un privilége que d'avoir un chemin de grande communication construit en grande partie par le département et dont les frais d'entretien restent encore à sa charge dans la proportion de 75 pour 100. Aussi les communes traversées par ces nouveaux chemins seront mieux desservies, j'en conviens, mais on reculera l'époque où chaque commune sera reliée à une grande ligne. Le Département, employant toutes ses ressources pour ces créations nouvelles, ne pourra en distraire aucune partie pour la petite vicinalité, et un long espace de temps s'écoulera encore avant que les habitants de chaque commune puissent se diriger vers les points essentiels où leurs besoins les appellent.

Examiner la législation actuelle.— Travaux neufs.— Entretien.

Voyons même si la législation actuelle nous donne des ressources suffisantes pour ces travaux.

Pour les travaux neufs, nous avons les impositions extraordinaires, autorisées par la loi; rien de mieux. Mais pour l'entretien, il n'en est pas de même. Le bon sens dit assez qu'on ne peut recourir à une surimposition pour une dépense qui se reproduirait tous les ans, et la loi nous renferme, pour l'entretien des chemins, dans un vote de cinq centimes spéciaux. Or, avec cinq centimes spéciaux, produisant 212,000 francs, auxquels on peut ajouter 60,000 francs de contingents communaux, nous pourrons entretenir les 408 kilomètres de chemins de grande communication que nous posséderons en 1851, et cet entretien fait, il ne nous restera que 40,000 francs environ de disponibles sur ces centimes.

On ne peut faire que 100 kilom. de chemins de grande communication.

D'après les calculs faits, 40,000 francs représentent l'entretien de 100 kilomètres de chemins de grande communication. Nous ne pouvons donc créer que 100 kilomètres de nouveaux chemins, si nous devons rester dans la légalité actuelle.

On dira peut-être que nous pouvons faire passer tout ou partie des chemins de grande communication à l'état de routes départementales, ce qui, en déclassant les dépenses qu'ils occasionnent, et en reportant ces dépenses à la première et à la deuxième section du budget départemental, laisserait sur les centimes spéciaux des ressources suffisantes pour l'entretien des chemins nouveaux que l'on créerait? Mais, dans ce cas, je demanderai ce que deviendront la première et la deuxième section du budget, si on leur impose une charge qui, pour 408 kilomètres, ne serait pas moindre de 230,000 francs par an? Quelle est la loi qui permet de voter des centimes additionnels en quantité suffisante pour faire face à un pareil surcroît de dépenses? Avec les 10 centimes et le fonds commun de la première section pour les dépenses ordinaires, avec les 5 centimes de la deuxième section pour les dépenses facultatives, quand nous aurons satisfait aux nécessités de l'entretien de toutes ces routes départementales *anciennes* et *nouvelles,* comment satisferons-nous aux autres nécessités que la loi nous impose également ? Il y a là une impossibilité à laquelle on ne pourrait se soustraire qu'en modifiant la législation.

Nouveaux classements de routes nationales. — But à poursuivre.

Ce système pourrait se comprendre toutefois si l'État consentait à classer comme routes nationales des routes départementales. — Le Département alors pourrait classer comme routes départementales des chemins de grande communication. — Ces revirements laisseraient disponible une plus grande quantité de centimes spéciaux de la quatrième section, et l'on pourrait remplacer par de nouveaux chemins de grande communication ceux de ces chemins qui auraient été classés comme routes départementales. — Sans doute le Département doit poursuivre activement ce but, qui serait une diminution de ses charges déjà si lourdes, et nous devons espérer qu'il l'atteindra ; mais tant qu'il ne l'aura pas atteint, notre devoir et notre intérêt sont, sinon d'abandonner complètement, du moins d'ajourner le premier moyen que nous venons de discuter.

Deuxième moyen. — On pourrait ne plus faire de chemins de grande communication et s'occuper exclusivement de la petite vicinalité.

Je n'aurais pas d'objection à faire à cette mesure, si ce n'est qu'il ne faut pas tomber d'un excès dans un autre. Mais quoique ne l'adoptant pas en entier, j'énumérerai cependant en peu de mots les avantages qu'elle présenterait.

En construisant les routes nationales, les routes départementales et les chemins de grande communication , on a généralement recherché les communes les plus importantes; car, si par hasard quelques petites communes ont été desservies, c'était parce qu'elles se trouvaient sur le chemin des grands centres, et elles doivent ce bienfait à leur position topographique, bien plus qu'à l'intérêt qu'elles ont inspiré. Aujourd'hui, ce doit être le tour des petites communes : on doit faire pour elles ce que l'on a fait pour les grandes , si l'on veut être juste. Aussi, peut-on dire avec raison que ce qui reste à faire est en quelque sorte la partie démocratique et agricole de la vicinalité. C'est en secourant les faibles, c'est en dotant chaque commune d'un bon chemin qui la rattache aux routes qui la desservent, qu'on popularisera, s'il est possible, parmi les habitants des campagnes, l'impôt de la prestation et des centimes communaux, spéciaux et extraordinaires ; mais il faut pour cela que les plus petites communes, en payant de si lourds impôts, tant pour la vicinalité communale que pour la vicinalité départementale soient bien convaincues qu'avant peu elles jouiront aussi de bonnes voies de communication.

Surimposition. — But qu'on doit se proposer et qu'on atteindrait.

Or, si le département employait une surimposition de 8 centimes, pour joindre aux routes déjà existantes toutes les communes qui ne sont pas encore embranchées sur ces routes, et si l'emploi de cette surimposition était habilement combiné avec les ressources communales, je suis persuadé qu'en peu d'années on aurait assuré au département tout entier une excellente vicinalité, et qu'il n'yaurait pas une seule commune qui n'eût, sur les points vers lesquels son intérêt la dirige, au moins un débouché, souvent deux, quelquefois trois, et même encore davantage ; car tout le monde sait qu'il suffit qu'une route traverse un village pour que ce village ait ainsi un débouché sur deux points différents , et si cette route était elle-même coupée par une autre route , le même village aurait par le fait seul de cette intersection un issue sur quatre points au lieu de deux. — Si donc nous accordions, à partir de 1852. à nos chemins vicinaux ordinaires de larges subventions au moyen d'une surimposition équivalente à celle de 8 centimes que le département a votée pour quatre années, je répète que dans ma conviction, nous obtiendrions ce résultat en très peu d'années. — Je ne veux pas être trop affirmatif, parce que je n'ai pas de calculs positifs à fournir à l'appui de mes assertions, et que je ne raisonne d'ailleurs que par des analogies ; mais je crois qu'avant 1860, toute commune serait rattachée par un bon chemin aux centres principaux où elle opère ses achats et ses ventes, où elle fait ses affaires essentielles, où ses habitants, exerçant les droits du citoyen , doivent accomplir leurs devoirs envers le pays, et je base mon opinion sur les appréciations que j'ai entrevues par l'étude particulière que j'ai faite, à ce sujet, de deux cantons du département.

Réparation d'une sorte d'injustice.

Cette répartition des fonds départementaux aux chemins de la vicinalité ordinaire aurait encore cet avantage que si quelques cantons, quelques localités n'ont pas joui jusqu'à présent, autant que d'autres, du bénéfice des routes créées et entretenues par le Département tout entier, on atténuerait ce qu'il peut y avoir eu d'injuste dans ce fait, et on rétablirait en quelque sorte l'équilibre en leur accordant une part plus large dans la distribution de ces nouvelles subventions.

Quelques nouveaux classements de grande vicinalité à faire.

J'inclinerais volontiers vers ce système et j'opterais pour son adoption. — Mais déjà des espérances de nouveaux chemins de grande communication ont été données. Quelques populations y comptent peut-être : celles qui jusqu'à ce jour ont été négligées ont même le droit d'y compter. — C'est une raison de donner satisfaction à ces espérances qui s'appuyent en outre sur la possibilité d'entretenir 100 kilomètres de plus de ces chemins avec la portion disponible des 5 centimes spéciaux que la loi de 1836 a destinés à cet usage. — C'est d'ailleurs la réalisation d'une promesse à laquelle le nouveau Conseil général ne voudra pas faillir ; car c'est une lettre de change que l'ancien Conseil a souscrite et que nous tiendrons à honneur d'acquitter.

Ceci nous mène au développement d'un autre moyen que nous avons formulé plus haut.

Troisième moyen. — On peut à la fois et concurremment travailler à la grande et à la petite vicinalité dans une proportion équitable et raisonnée.

Plusieurs motifs doivent nous engager à compléter le réseau de nos chemins de grande communication. — D'abord, la ligne de chemin de fer qui traverse le département dans les deux directions de Saint-Quentin et d'Amiens, appelle la confection ou tout au moins le classement de quelques chemins qui aboutissent aux stations. — Ceci ne pouvait être prévu, et avec les changements dans les conditions de la vicinalité, est née la nécessité de modifier leur classification légale. — Ensuite, il est évident que quelques localités ont été oubliées jusqu'à ce jour, et il ne sera que juste de réparer cet oubli, soit en créant de nouveaux chemins en leur faveur, soit en leur accordant des subventions plus considérables pour la confection de leur vicinalité ordinaire.

Proportion indiquée par la législation elle-même.— S'arrêter où les ressources de l'entretien manqueraient.

Dans quelle proportion , toutefois , devra-t-on créer ces nouveaux chemins de grande communication ? Cette proportion est naturellement indiquée par l'étendue des ressources que nous pourrons consacrer à l'entretien : cette proportion est également indiquée par la dernière délibération du Conseil général dont la jurisprudence, il est vrai , ne peut pas nous enchaîner, mais dont les vœux doivent être pris par nous en sérieuse considération. — « *Les classements nouveaux*, y est-il dit, *seront calculés de manière à ce que le produit des centimes et des ressources spéciales suffise à couvrir la dépense d'entretien de la grande vicinalité.* » Or, nous pouvons entretenir en plus 100 kilomètres de chemins de grande communication : donc c'est, ni plus ni moins, 100 kilomètres de ces chemins qu'il faut créer. — Mais avec quoi les créer ? Je n'hésite pas à le dire, avec la surimposition, avec cette surimposition de 8 centimes qui est votée pour quatre ans et dont un sentiment de justice doit nous porter à demander le renouvellement à l'expiration du délai fixé par la loi qui l'a autorisée.

Mais la raison qui nous empêche de créer en trop grande quantité des chemins de grande communication n'existe pas pour la création de la vicinalité ordinaire? — On peut pourvoir à la confection des chemins de grande communication par des ressources extraordinaires, non permanentes de leur nature; mais comment pourvoir à leur entretien? Les centimes spéciaux dans lesquels nous sommes obligés de nous renfermer ne pourraient y suffire, si, par un nombre trop considérable de classements, on dépassait le but, si on franchissait la limite légale. Au contraire en aidant, avec la surimposition, la confection des chemins de la petite vicinalité, plus tard on fera disparaître ces ressources extraordinaires, et l'entretien restera à la charge des communes au moyen de leurs ressources particulières, de leurs 5 centimes et de leurs prestations. — L'entretien est en quelque sorte assuré d'avance, si l'on sait combiner avec ces ressources les travaux neufs à exécuter.

Nous pouvons donc entrer avec succès, surtout si

nous le faisons avec prudence, dans une large application de l'art. 6 de la loi du 21 mai 1836, en centralisant les ressources de plusieurs communes voisines, quand un intérêt commun les réunit dans cette association, et en observant à cet égard, dans la répartition des contingents, les règles de la plus stricte équité. — La loi de 1836, en mettant les chemins vicinaux *à la charge des communes intéressées à leur entretien*, au lieu de laisser, comme la législation précédente, ces chemins *à la charge des communes sur le territoire desquelles ils sont établis*, a posé un principe qui a été appliqué en premier lieu aux chemins de grande communication, et qu'il faut étendre aux chemins de la vicinalité ordinaire, si nous voulons réaliser de sérieuses améliorations.

C'est surtout
pendant le
cours des tra-
vaux neufs
qu'il faut sub-
ventionner les
communes.

Ce ne serait pas assez, toutefois, de grouper des communes entre elles : il faut, je le répète, les subventionner, et c'est surtout pendant qu'elles construisent des chemins qu'on peut les aider utilement, en allégeant pour elles les frais d'entretien. — En effet, à mesure que les communes construisent, elles sont obligées de prendre sur leurs ressources les fonds indispensables à l'entretien annuel. — Cela entrave et retarde la confection de leur vicinalité. C'est donc pendant qu'elles exécutent des travaux neufs, et qu'en même temps les dépenses d'entretien augmentent pour elles d'année en année, que nous pouvons venir efficacement à leur secours. — Plus tard, quand les lignes utiles seront achevées, les subventions départementales pourraient leur être retirées, et leurs ressources propres suffiraient à l'entretien.

Mais pour bien subventionner, c'est-à-dire pour subventionner avec discernement et avec impartialité, on devrait faire une étude de chaque canton, et par conséquent du département tout entier. — C'est par un plan général, c'est par un classement fait avec soin des chemins réellement utiles, qu'on arrivera à connaître les cantons les plus arriérés, les plus oubliés; c'est par le devis général des dépenses à effectuer qu'on connaîtra aussi ceux qui auront le plus de droits aux subventions départementales. — Pour expliquer ma pensée, je suppose que l'on ait calculé que la confection de toute la vicinalité départementale, eu égard aux sacrifices que nous nous imposons, pourrait être

Subventionner avec impartialité. — Plan général. — Devis général. — Marche à suivre pour la distribution des fonds.

achevée en 1858 ; je dis qu'alors on ne devrait pas subventionner les localités qui, avec leurs ressources propres, seraient en mesure de terminer tous leurs travaux neufs à l'époque indiquée, mais qu'on devrait subventionner de préférence celles qui, le calcul étant fait, ne pourraient avoir terminé ces travaux, en ce qui les concerne, que quelques années plus tard. Et remarquez bien que ce serait justice : car si une localité peut avoir fini sa vicinalité avant les autres, c'est évidemment parce qu'elle a été antérieurement plus favorisée dans la distribution des routes nationales, départementales et de grande communication. — Dans cet état de choses, ne lui rien donner ou lui donner peu, et donner beaucoup aux autres, c'est mettre en pratique les vrais principes de l'égalité.

Travaux extraordinaires.

Rien de plus juste aussi que de donner davantage aux communes qui auraient des travaux d'art à exécuter, des ponts à construire, des terrains à acheter pour faire des élargissements, des montagnes à trancher, des remblais à élever ; en un mot, toutes opérations qui ne seraient pas ordinaires.

Reste à savoir dans quelle proportion le département interviendrait pour les chemins de grande communication et pour la vicinalité ordinaire.

Les 8 centimes de surimposition produiraient annuellement 335,000 fr., et il faudrait avant tout obtenir le renouvellement de cette taxe à l'expiration de la loi qui l'autorise.

Quant à la distribution de cette somme, si j'étais chargé de la faire, j'allouerais 100,000 fr. pour la confection de 100 kilomètres de chemins de grande communication. A cette somme viendraient se joindre les 40,000 fr. disponibles sur les 5 centimes spéciaux, et environ 10,000 fr. de subventions communales. Mais cette somme de 150,000 fr. devrait toujours aller en décroissant, parce que à mesure qu'on construirait des travaux neufs, on laisserait en route le fonds d'entretien. Toujours est-il qu'avec ces différentes ressources, et dans l'hypothèse probable où l'on pourra classer des chemins déjà confectionnés en partie, on doit espérer avoir terminé les 100 kilomètres en question dans l'espace de cinq ou six ans au plus.

Cela fait, il resterait sur la surimposition une somme de 235,000 fr. que j'appliquerais tout entière à l'achèvement de la vicinalité ordinaire du département. Cette somme serait augmentée de celle de 100,000 fr. ci-dessus indiquée, lorsque le réseau de 100 kilomètres de chemins de grande communication serait terminé.

Il ne suffit plus maintenant de chercher à améliorer notre vicinalité ordinaire, il s'agit aujourd'hui de la compléter. Dans les premières années de la loi de 1836, la plus grande partie des ressources affectées à la petite vicinalité a été mal dirigée et mal employée. On ne croyait pas à l'efficacité de cette loi, et on restait dans l'inertie. Aujourd'hui, mieux renseigné par l'expérience, on voit qu'on arrivera au but qu'on se propose, et on marche avec confiance. Si, dans le commencement, il y a eu défaut de concours de la part des maires et des contribuables eux-mêmes, maintenant il y a zèle, rivalité, ardeur. C'est l'heure pour le Département d'intervenir pour encourager cette heureuse impulsion par des subventions pécuniaires largement distribuées.

Mais ici je rencontre une objection qui me conduit tout naturellement à modifier dans la forme ce que je viens de proposer. Je puise cette objection dans la délibération même du Conseil général. — Les chemins vicinaux proprement dits, c'est-à-dire ceux de la petite vicinalité, sont reconnus par les Conseils municipaux, créés et entretenus par les prestations et les 5 centimes des communes; ils ne peuvent recevoir de subventions départementales qu'extraordinairement et par exception. Par une conséquence logique, le Préfet a seul le droit de décision, quant au tracé de ces chemins, quant au concours des communes, même en cas de chemins collectifs qui ne sont que des chemins de petite vicinalité. Ici, on le voit, tout par le Préfet; rien par le Conseil général. — Soit, tant qu'il ne s'agit que de dépenser des fonds communaux. — Mais le Conseil général consentira-t-il à employer des fonds départementaux, pour des lignes de vicinalité, sur lesquelles il n'a aucune action, ni pour la direction et les tracés, ni pour la désignation des communes qui doivent y contribuer ? Consentira-t-il à subventionner ces chemins qui ne

présenteront pas les garanties offertes aux contribuables pour les chemins de grande communication,
par l'avis des Conseils municipaux, et par l'opinion
des Conseils d'arrondissement?

Il faut con-
cilier les droits
et les intérèts.

Pour moi, je l'avoue, je suis si pénétré de la
nécessité qui nous est imposée par un sentiment
d'équité, de venir au secours des communes
qui n'ont pas encore profité des dépenses
faites pour la vicinalité départementale, que je ne
me laisserais même pas arrêter par cette considération que le Conseil général ne concoure pas à
la création de la petite vicinalité, et que, par es-
prit de justice, j'allouerais des fonds pour cet usage,
malgré cette absence de concours, surtout si l'Administration éclairait le Conseil sur l'utilité des
mesures qu'elle aurait à prendre : mais je me demande s'il n'y aurait pas un moyen de ménager la
légitime susceptibilité du Conseil général et de
conserver à la fois, et les droits de l'autorité et les
droits du département.

. . . ment
. . . ns de
. . . com-
. . . on.—
. . . once.

Depuis quelques années, l'administration a déterminé la direction de chemins qu'elle appelle
chemins de moyenne communication et les a clas-

sés comme tels. La légalité du classement a paru
douteuse à beaucoup d'esprits. — Je ne discuterai
pas la question de légalité; mais je dirai, en fait,
que le classement établit une sorte de supériorité
au profit de quelques chemins et une sorte d'infériorité au détriment de quelques autres, supériorité et infériorité que la loi n'admet pas. S'il n'en
était pas ainsi, à quoi servirait le classement? Ou
ce classement ne signifie rien, ou il signifie quelque chose : s'il ne signifie rien, il est inutile de le
maintenir : s'il signifie quelque chose, il froisse tout
sentiment de justice, car s'il grandit certaines lignes dans l'opinion, par cela même il rabaisse les
autres : il prépare, pour ainsi dire, des candida-
tures à la grande vicinalité et procède ainsi par ex-
clusion, d'avance, sans contrôle, sans enquête préa-
lable; en un mot, il substitue l'administration au
Conseil général. — Aussi, légaux ou non, les populations sont avides de ces classements et les sol-
licitent avec ardeur. — J'admets le droit du Préfet
à désigner les communes qui doivent concourir à
la construction ou à l'entretien d'un chemin vici-
nal intéressant plusieurs communes : j'admets son

droit à fixer la proportion dans laquelle chacune d'elles y contribuera, mais je regrette la solennité du classement, comme portant atteinte au droit des autres portions de chemin non classées.—Je la regrette parce qu'on attache à ce classement une signification qu'il ne devrait pas avoir.

En fait, que fait-on, si ce n'est classer des chemins de grande communication? Et par conséquent empiéter sur les attributions du Conseil général? Et pourquoi alors ne pas faire de nouveaux classements de chemins de grande communication?

Ce qui empêche les classements de chemins de grande communication.— Ce qui pourrait les justifier. — Question d'entretien et de confection.

J'ai dit plus haut que si le Conseil général ne devait pas accepter facilement la création de nouveaux chemins de grande communication, c'était uniquement parce que les ressources légales manquaient, non pas pour la construction, mais pour l'entretien. — Cependant en examinant l'article 8 de la loi de 1836, on peut se convaincre que le classement d'un chemin de grande communication n'entraîne pas nécessairement pour le Département l'obligation de le subventionner : cet article ne dit pas que les chemins *recevront*, mais il dit qu'ils *pourront recevoir* des subventions départementales.

— Rien ne s'oppose donc au classement, dès que le classement ne constitue pour le département l'obligation ni de confection, ni d'entretien. — Le classement, au contraire, se trouvera d'autant mieux justifié, que si nous ne pouvons offrir de subvention pour l'entretien, faute de ressources légales, nous pourrons du moins en offrir pour la confection, *en prévenant les communes que l'entretien restera complètement à leur charge,* et il est très juste, très rationel, que le Conseil général, avant de faire participer le département à la confection de ces chemins, participe lui-même à la direction des tracés, conformément aux dispositions de l'article 7 de la loi du 24 mai 1836. Ainsi les droits attribués par la législation au Conseil général seraient entièrement sauvegardés ; et le Conseil général se sentirait d'autant plus porté à allouer des fonds provenant d'une surimposition départementale, que toutes les garanties dont la la loi a voulu entourer ces classements auraient été offertes aux populations.

Dans cette hypothèse, on pourrait diviser les chemins de grande communication en deux classes :

les uns, ceux de la première classe, recevraient des fonds pour l'entretien annuel; les autres, ceux de la seconde classe, n'en recevraient que pour la confection, l'entretien étant réservé aux communes.

Dans la première classe, on admettrait les 408 kilomètres, déjà classés, et les 100 kilomètres que les ressources destinées à l'entretien permettent de créer encore.

Dans la deuxième classe, on admettrait tous les autres chemins qui pourraient être classés, sur la proposition du Préfet.

Le nombre des premiers doit être proportionné aux ressources légales de l'entretien ; pour les seconds, la nécessité d'en fixer le nombre serait moins essentielle, par cette raison que leur classement n'occasionnerait pas une dépense annuelle et permanente, mais une dépense extraordinaire, transitoire, limitée. Quant aux subventions à leur accorder, il serait juste et utile qu'elles ne fussent pas distribuées arbitrairement, au hasard, suivant les préférences toutes naturelles que chaque Conseiller général peut avoir pour le canton qu'il représente, mais la répartition devrait en être basée

sur l'impossibilité reconnue pour les communes
intéressées à une même ligne d'achever toute leur
vicinalité à une époque donnée, époque qui serait
calculée de manière que l'ensemble de tous les
chemins du département fut terminé à peu près
en même temps dans toutes les parties de cet im-
mense réseau.

Cette combinaison me paraîtrait préférable, parce
qu'elle ne porte pas atteinte à l'influence que le Conseil général doit se montrer jaloux de conserver, du
moment qu'il engage le département dans une
coopération efficace et considérable ; mais néan-
moins la loi qui autoriserait la surimposition devrait laisser au Conseil général la faculté de distribuer les fonds, soit aux chemins de grande
communication, soit aux chemins de la petite vicinalité. Si enfin, contre mon attente, la création
des chemins de grande communication de deuxième
classe devait susciter des objections sérieuses, l'a-
bandon de cette pensée ne ferait pas obstacle à ce
que la totalité des ressources disponibles fut portée
sur les chemins vicinaux ordinaires, ainsi que je
l'ai proposé plus haut.

Considéra-
tions diverses.

Agents-vo-
yers.

J'ajoute que la direction des chemins de grande communication de deuxième classe, dans le cas où il en serait créé, pourrait être laissée aux agents-voyers.

CONCLUSION.

En résumant tout ce qui précède, et en ayant égard à la situation financière du département et aux formalités du budget, il résulte :

1° Que la première et la seconde section du budget des dépenses du département, ne pouvant admettre de plus grandes dépenses que celles qui leur incombent actuellement, doivent continuer, sans autres charges nouvelles, à subvenir, comme il est établi par le budget de 1848, à l'entretien de toutes les routes départementales :

2° Que pour la troisième section, l'imposition extraordinaire de 8 centimes, qui devrait être continuée à partir de 1852, produirait annuellement une ressource de 335.000 francs, dont il s'agit de déterminer l'emploi ;

3° Que, pour la quatrième section, les centimes spéciaux et les contingents communaux s'élevant à la somme de 272,000 francs, l'entretien des 408 kilomètres de grande communication déjà classés devra, quand ils seront achevés, laisser libre, à partir de 1852, une somme de 40,000 fr. environ, dont il s'agit également de déterminer l'emploi ;

En conséquence, je conclus en émettant les vœux suivants :

1° En ce qui touche la surimposition de 8 centimes. produisant annuellement 335,000 fr. : que 100,000 fr. par an soient employés en constructions de chemins de grande communication de première classe, jusqu'à concurrence de 100 kilomètres, et que 235,000 fr. soient employés en constructions de chemins de grande communication de deuxième classe et de chemins vicinaux ordinaires;

2° En ce qui touche la somme de 40,000 fr., qui sera disponible à partir de 1852, sur les centimes spéciaux : que cette somme, ajoutée à celle de 100,000 fr. de la troisième section ci-dessus indiquée, et à celle de 10,000 fr. environ de nouveaux contingents communaux, soit affectée d'abord à la création des 100 kilomètres de chemins de grande communication de première classe, qu'il s'agit de confectionner, et ensuite progressivement, d'année en année, à l'entretien desdits chemins à mesure que leur confection avancera ;

3° Que, pour arriver à ce but, M. le préfet de l'Oise soit invité, par le Conseil général, à lui proposer de nouveaux classements de chemins de grande communication, qui seraient par le Conseil divisés en deux classes.

4° Que l'entretien des chemins de grande communication de deuxième classe ou de vicinalité ordinaire, à la confection desquels le département aurait concouru, soit, après la confection, laissé à la charge des communes appelées à contribuer à cet entretien, conformément à l'art. 8 de la loi de 1836 ;

5° Et que les subventions départementales soient accordées dans une proportion plus largé aux localités qui seront reconnues avoir été négligées dans la distribution des chemins précédemment créés, et qu'enfin la répartition en soit calculée de manière que la vicinalité *utile* du département puisse être terminée partout à peu près à la même époque.

On pourrait encore modifier ces conclusions en ce sens qu'il ne serait plus créé de chemins de grande communication de première classe; que la somme totale de 335,000 fr., provenant de la sur-imposition, serait employée en création de chemins de grande communication de deuxième classe et de chemins vicinaux ordinaires, et que les 40,000 fr. restant libres de la quatrième section seraient d'a-bord affectés au même usage, et ensuite distribués, comme subvention, pour l'entretien des mêmes che-mins, suivant les besoins constatés des communes intéressées à une même ligne.

Si, plus tard, nous obtenions de faire classer un certain nombre de routes départementales comme routes nationales, nous pourrions alors classer comme routes départementales une même quantité de chemins de grande communication de première classe. De là, économie sur les fonds de la qua-trième section affectée à l'entretien, économie au moyen de laquelle on pourrait, ou classer de nou-veaux chemins de grande communication de pre-mière classe, ou distribuer la somme disponible aux localités pour lesquelles l'entretien de leurs chemins de grande communication de deuxième classe et de leurs chemins vicinaux ordinaires serait une charge trop lourde eu égard à leurs ressources.

ANNEXE A.

*Forme et règles d'un budget départemental. — Budget du
département de l'Oise pour 1848.*

Les dépenses départementales sont divisées en quatre
sections :

1° *Dépenses ordinaires* auxquelles il est absolument
nécessaire de faire face, et par conséquent obligatoires.
— Ces dépenses doivent être soldées par les centimes
dont le gouvernement fait remise aux départements. —
Le nombre des centimes ordinaires varie. — Lorsqu'il
ne suffit pas pour payer les dépenses de ce nom, le
ministre ajoute une part dans ce qu'on appelle *fonds
commun* à tous les départements, et qui est destiné à aider
les plus pauvres, au moyen d'une allocation plus considérable en leur faveur. — Aujourd'hui, dans l'Oise,
le nombre des centimes ordinaires est de 10, et sa part
dans le fonds commun équivaut à 5 autres centimes. —
Parmi les dépenses ordinaires, on a placé l'entretien
des routes départementales, et si la somme dont on
peut disposer sur les centimes ordinaires ne suffit pas,
on prend la différence sur les centimes facultatifs.

2° *Dépenses facultatives.* — Le département les couvre par les centimes qu'il vote à cet effet, et dont la loi des finances détermine le maximum. — **Les centimes facultatifs sont au nombre de 5**, et il y a encore ici un fonds commun.

Les centimes ordinaires et facultatifs se prennent sur le principal des contributions foncière, personnelle et mobilière.

3° *Dépenses extraordinaires.* — Leur nom indique assez qu'elles ne doivent pas être durables. On les solde par un impôt voté pour un certain nombre d'années et autorisé par une loi. — En ce moment, les centimes extraordinaires sont au nombre de 8 ; ils se perçoivent, pour les années 1848, 49, 50, et 51, en vertu d'une loi du 9 août 1843, et se prennent sur le principal des quatre contributions directes. — Les centimes extraordinaires ne peuvent être employés qu'à des dépenses qui n'ont pas un caractère permanent et ils ne doivent pas être détournés de leur destination.

4° *Dépenses spéciales.* — Les dépenses pour chemins, cadastre, instructions, sont soldées par des centimes autorisés par les lois sur ces matières. — Les centimes spéciaux pour chemins sont, d'après la loi, au nombre de 5, et sont perçus sur les quatre contributions directes. — Les centimes spéciaux ne peuvent servir qu'à l'unique objet auquel ils ont été destinés.

Voici maintenant, d'après ces règles générales, le détail des recettes et dépenses du département pour l'année 1848.

PREMIÈRE SECTION. — *Dépenses ordinaires.*

DÉPENSES.

1o Entretien des routes départementales (1).

    Premièrement : Entretien proprement dit.. 276,039 ^{f} 61 ^{c}

    Deuxièmement : Indemnité aux ingénieurs. 3,960 39

                             Total. . . . . . . 280,000 ^{f} 00 ^{c}

2° Travaux ordinaires des bâtiments. . . . . . 33,125 ^{f} 29 ^{c}

3° Mobiliers de la préfecture et des bureaux de sous-préfectures 1,150 00

4° Casernement de la gendarmerie. 19,152 00

5° Prisons départementales. 50,000 00

6° Cours d'assises et tribunaux. 15,862 00

7° Enfants trouvés ou abandonnés et orphelins pauvres.. . . . . 32,000 00

8° Aliénés. 48,000 00

9° Impressions. 5,700 00

10° Archives du département. 1,850 00

11° Frais de translation. de route et autres . 7,991 23

12° Dettes ordinaires.. . . . . 16,162 26

    Total général des dépenses ordinaires. . 511,000 ^{f} 78 ^{c}

(1) Nous n'avons pas suivi l'ordre établi au budget départemental pour la classification des dépenses de chaque section, parce que nous avons voulu mettre en relief les dépenses relatives à la vicinalité, et c'est pour cela que nous les avons placées en première ligne.

RECETTES.

1° Produit de 10 centimes additionnels ordinaires. 334,130 ' 80 °

2° Part du département dans le premier fonds
commun. 165,008 00

3° Produits éventuels ordinaires de 1848 . . . 12,116 01

Total général des recettes ordinaires. . 511,246 ' 81 °

BALANCE.

Recettes. . . . . 511,246 ' 81 °
Dépenses. 511,000 78

Excédant de recettes. .   246 ' 03 °

DEUXIÈME SECTION. — *Dépenses facultatives.*

DÉPENSES.

1° Entretien des routes départementales.
Premièrement : Entretien proprement dit. 64,060 ' 39 °
Deuxièmement : Indemnités pour déposses-
sion d'immeubles; indemnités aux ingénieurs et conducteurs; personnel des
conducteurs et piqueurs applicables à ces
travaux. 34,337 35

Total. . . . . 98,392 ' 74 °

	Report.	98,392 ᶠ 74 ᶜ
2⁰ Édifices départementaux	32,266ᶠ 40ᶜ
3⁰ Encouragements et secours.	39,948 00
4⁰ Cultes	2,000 00
5⁰ Mendicité	16,000 00
6⁰ Dépenses diverses.	8,313 56
7⁰ Dettes départementales extraordinaires. . .	328 44

Total des dépenses facultatives. . 197,249ᶠ 14ᶜ

RECETTES.

1⁰ Resté sans affectation sur les centimes facultatifs de 1846. . . . . 20,913ᶠ 91ᶜ

2⁰ Produit des 5 centimes facultatifs de 1848. 167,065 40

3⁰ Deuxième fonds commun. 12,000 00

4⁰ Subventions des communes ou des particu-
liers pour travaux de routes. 17,269 83

Total des recettes facultatives. . 217,249ᶠ 14ᶜ

BALANCE.

Recettes. 217,249ᶠ 14ᶜ

Dépenses 197,249 14

Excédant de recettes. . 20,000ᶠ 00ᶜ

TROISIÈME SECTION. — *Dépenses extraordinaires.*

DÉPENSES.

1₀ Construction et achèvement des routes départementales. 180,735ᶠ 90ᶜ

2₀ Construction et achèvement des chemins de
grande communication. 167,868 92

Total des dépenses extraordinaires. . 348,604ᶠ 82ᶜ

RECETTES.

1° Sur les centimes extraordinaires (loi du 24
juin 1845). 12,866ᶠ 98ᶜ

2° Produit des 8 centimes extraordinaires de
1848 (loi du 9 août 1847). 335,737 84

Total des recettes extraordinaires. . 348,604ᶠ 82ᶜ
Égalité de dépenses et de recettes.

QUATRIÈME SECTION. — *Dépenses spéciales pour chemins.*

DÉPENSES.

1° Subvention pour travaux. 161,112ᶠ 54ᶜ

2° Traitements des ingénieurs, agents-voyers,
etc. 55,200 00

3° Dépenses diverses. 500 00

4° Contingents communaux 260,000 00

Total des dépenses spéciales. . . . 276,812ᶠ 54ᶜ

RECETTES.

1° Resté sans affectation sur les centimes spéciaux de 1846, pour chemins. 4,315ᶠ 84ᶜ
2° Produit des 5 centimes spéciaux de 1848. . 212,496   70
3° Contingents communaux de 1848.   60,000   00

        Total des recettes spéciales. . . . 276,812ᶠ 54ᶜ

Égalité de dépenses et de recettes.

Si on ajoute à cela 79,462 fr. 43 c. pour dépenses de
l'instruction primaire et 11,000 fr. pour dépenses de mu-
tations cadastrales, on aura une idée exacte et complète
du budget du département de l'Oise, pour l'année 1848.

ANNEXE B.

Délibérations diverses du Conseil général de l'Oise, relatives à la question des Chemins, dans la session de 1847. — Extrait des Procès-Verbaux des séances du Conseil.

SÉANCE DU 2 SEPTEMBRE.

Le rapporteur de la Commission (1) rappelle que M. le Préfet soumet au Conseil des observations sur le futur classement des chemins vicinaux de grande communication : M. le Préfet expose que la surimposition qui vient d'être autorisée par la loi du 9 août 1847, donne les moyens de terminer en quatre années tous les travaux neufs des chemins déjà classés ; qu'ils seraient à l'état d'entretien au 1er janvier 1852 ; qu'il paraîtrait convenable de mettre le Conseil général à même de faire un choix dès l'année 1848 ; que les études suivraient leurs cours, et que les tracés pourraient être arrêtés en 1849 ; que les projets définitifs seraient présentés dans la session de 1850 et que, comme on connaîtrait alors les dépenses des nou-

(1) A l'exception de quelques passages que nous avons cru devoir abréger, nous avons conservé les termes mêmes de la rédaction des procès-verbaux.

veaux chemins, le Conseil général pourrait créer les ressources extraordinaires qui seraient autorisées par la loi
en 1851, de telle sorte qu'on eût les moyens d'entre-
prendre les travaux dès l'année 1852 — La Commission
propose de ne commencer les études qu'en 1849 ; elle se
fonde sur ce qu'on doit ménager les ressources finan-
cières du département, et qu'il est bien entendu que
jusqu'à l'achèvement complet des chemins classés, c'est-
à-dire jusqu'à l'exercice de 1852, il n'y aura aucuns fonds
à livrer à des chemins nouveaux. Dans cet état de choses,
il serait imprudent d'éveiller des espérances trompeuses,
de soulever les passions, de provoquer des luttes. En
commençant les études en 1849, il restera toujours le
temps nécessaire pour arriver à l'exécution en 1852. Il
ne faut pas d'ailleurs s'abuser sur l'importance de ces
classements ; ils ne devront pas, en définitive, dépasser
la limite des ressources légales et annuelles que le département pourra y consacrer pour l'entretien, et cette limite,
quand on abordera les calculs, sera fort restreinte. Il y a
des barrières légales qu'on ne pourrait franchir. L'impulsion nouvelle, donnée à la petite vicinalité et surtout
aux chemins collectifs, qu'on a désignés sous le titre de
moyenne communication, sont de nouvelles voies de
parcours sur lesquelles l'ardeur des populations et les
sacrifices des communes pourront se porter. C'est là
aussi qu'il convient de diriger, au moyen de l'impôt, les

efforts pécuniaires du département , en se gardant bien toutefois de nourrir intérieurement des pensées d'emprunt.

Il est répondu qu'il n'est pas question de distraire un centime aux chemins actuellement classés , ni d'appliquer de nouvelles ressources aux créations nouvelles avant l'entier achèvement des chemins actuellement classés ; que si les nouveaux classements étaient établis, les communes pourraient, sous la direction des ingénieurs, asseoir leurs combinaisons d'alignement, declôtures et de constructions sur des tracés positifs et devancer par des sacrifices utiles et régulièrement employés le moment où le département interviendrait. — Les chemins de grande et de moyenne communication ne peuvent se faire concurrence, ni s'exclure : ils peuvent plutôt se prêter un mutuel secours. Tout le monde étant d'accord qu'il doit y avoir un nouveau classement, il ne s'agit plus, quelque doive être son étendue ou sa restriction, que d'en fixer l'époque ; or, il y a plus d'avantage à la rapprocher qu'à la retarder.

Un vœu est alors déposé sur le bureau pour que M. le Préfet soit invité à provoquer des études en 1848, à raison de deux chemins au moins par chaque arrondissement.

D'autres questions sont soulevées, quant à l'interprétation du vœu émis. — Qu'entend-on par deux chemins dans chaque arrondissement? Comment s'appréciera la proportion qu'on paraît vouloir établir? Sera-ce par leur longueur, par l'importance de leur dépense, ou par toute autre appréciation proportionnelle?

Plusieurs amendements ayant alors été déposés sur le bureau, le renvoi du tout est fait à la commission.

SÉANCE DU 4 SEPTEMBRE.

La Commission propose au Conseil la résolution suivante :

« Il ne sera plus créé de chemins de grande communication.

« Lorsque les chemins de grande communication aujourd'hui classés seront terminés, l'entretien de ces chemins ne laissant plus disponible qu'une somme peu importante, il en résultera qu'il ne pourrait plus être créé qu'un chemin par arrondissement; il sera dès-lors plus avantageux pour le département que la somme demeurée libre soit répartie de manière à venir en aide aux communes qui construiraient des chemins d'intérêt collectif.

« M. le Préfet restera chargé d'en faire la répartition, comme il en a le droit pour les chemins de grande communication.

« Les agents-voyers et le personnel de la petite vicinalité seront soumis à l'autorité et à l'inspection de
MM. les ingénieurs du département. »

SÉANDE DU 5 SEPTEMBRE.

Les conclusions de la Commission sont combattues.
— Tous les intérêts de viabilité dans le département
sont loin d'être satisfaits : le Conseil général est assiégé
par des demandes incessantes de nouveaux classements :
Peut-il répondre à toutes ces demandes par une renon-
ciation absolue à toute espèce de classement?

La seule raison qui pourrait justifier un pareil parti
serait l'impossibilité financière de continuer l'œuvre
commencée : cette impossibilité n'existe pas.

Pour établir, réparer et entretenir les routes départementales et les chemins de grande communication, on
a pris en 1845,

Sur les centimes ordinaires.	253,000 fr.
Sur ceux facultatifs.	108,000
Les 8 centimes extraordinaires ont donné.	332,000
Les 5 centimes spéciaux pour chemins. .	210,000
Les subventions des communes.	75,000
Total.	978,000 fr.

Si depuis on a abandonné aux communes une partie

de leurs subventions, on peut réduire la somme ci-dessus à 960,000 fr.

Mais en 1851, lorsque les routes départementales seront rectifiées, lorsque les chemins de grande communication seront achevés, lorsqu'on n'aura plus à pourvoir qu'à l'entretien, la dépense actuelle pourrait se réduire d'environ 368,000 fr., qui pourraient être employés autrement.

L'impossibilité financière n'existe donc pas. Dès aujourd'hui, nous pourrions créer 200 kilomètres de chemins de grande communication, sans empirer la position financière, en réservant aux populations les moyens nécessaires pour supporter des charges imprévues.

Au point de vue légal, disent d'autres membres, les conclusions de la commission ne peuvent pas se justifier davantage. La loi du 21 mai 1836 a déterminé deux classes de chemins vicinaux, qui ont un principe, une direction et des règles différentes. En première ligne, des chemins de petite vicinalité pure qui sont décidés par les Conseils municipaux (art. 1er), qui sont créés et entretenus par les prestations et les cinq centimes, des communes (art. 2), qui ne peuvent recevoir de subventions départementales qu'extraordinairement et par exception (art. 8), sur lesquels, par une conséquence logique, le préfet a seul le droit de décision, quant au tracé, quant au concours des communes, même en cas de chemins collectifs, qui ne sont que des chemins de petite vicinalité (art. 6).

Il en est autrement de la seconde section, c'est-à-dire des chemins de grande communication, qui sont créés par le conseil général (art. 7), dont la création est précédée des garanties multiples qui sont offertes par l'avis des Conseils municipaux, par l'opinion des Conseils d'arrondissements, et par la présentation du préfet (même article), dont le Conseil général détermine la direction, qui doivent être subventionnés par les communes que le Conseil général a désignées, qui sont enfin appelées par la loi, directement et à raison du plus grand intérêt qui les recommande, à recevoir des subventions départementales (art. 8).

Au point de vue de l'exécution, l'Administration et le Conseil général ont adopté une organisation en harmonie avec le caractère de chaque section ; les chemins de grande communication ont été livrés aux ingénieurs, les chemins vicinaux purs aux agents-voyers. Il serait dangereux de déplacer cette harmonie des pouvoirs, quand elle a déjà si bien fonctionné, qu'elle a produit de si bons résultats ; ce serait d'autant plus dangereux que, à vrai dire, les chemins collectifs qu'on veut protéger avec extension ne seraient réellement que des chemins de grande communication déguisés auxquels on ferait des attributions de fonds départementaux, en principe,

quand ils ne doivent en avoir que par exception, substi-
tuant l'exception à la règle et les dépouillant de tout
l'entourage de garantie que la loi a voulu leur attribuer.

Il faut reconnaître, d'ailleurs, que le Conseil général
n'a pas le droit de déroger à la loi ; qu'il n'a pas la faculté de décréter qu'il n'y aura plus de chemins de grande
communication ; qu'il n'a pas le droit de réglementer
et d'enchaîner l'avenir.

Il est répondu par la Commission que tout le monde
veut satisfaire aux besoins des populations et qu'on ne
diffère que par les moyens. — Toute la question est de
savoir, à côté des grands bienfaits obtenus dans les intérêts matériels de la viabilité, s'il n'a pas été assez fait
pour ce genre d'intérêts et s'il est sage d'engager le département dans des voies prolongées de surimposition
ou d'emprunt.

En suivant le système présenté par la Commission,
en appelant les communes à grouper leurs ressources
avec de légères subventions départementales, on obtien-
dra des succès dont il existe déjà des exemples rassu-
rants dans la création des chemins collectifs, on arrivera plus vite à les satisfaire que par le mode des chemins de grande communication, qui pourraient à peine
dépasser un chemin par chaque arrondissement, qui
exigeraient une dépense de 10,000 fr. par kilomètre, et

ne pourraient être achevés sans emprunt que dans un temps très reculé.

Le système opposé se comprendrait jusqu'à un certain point, si les calculs financiers qui en sont la conséquence n'étaient en opposition directe avec ceux présentés par M. le préfet, qui n'a indiqué qu'une réserve de 40,000 fr. environ, en dehors du service des chemins de grande communication qui seront achevés en 1851. — Il ressort de l'appréciation exacte du budget les résultats suixants :

La première section du budget est toujours insuffisante, puisqu'il y a constamment nécessité de reporter une partie des dépenses à la seconde section.

La seconde section ne peut fournir aux subventions pour les chemins vicinaux, parce qu'elles exclueraient le département de toute participation au deuxième fonds commun.

La troisième section comprend les centimes extraordinaires, et on ne pense pas que le Conseil général veuille voter des centimes extraordinaires pour des dépenses annuelles.

La quatrième section, ou les centimes spéciaux, pourrait donc seule fournir à l'entretien des chemins vicinaux. — En voici les ressources :

Cinq centimes spéciaux. . . . . 212,000 fr.

Fonds communaux. . . . , · . . . . 60,000 fr.

272,000 fr.

Entretien de 408 kilom. . . 172,600 fr. ⎫
⎬ 230,000 fr.
Personnel, environ . . . . . 57,400 fr. ⎭

Reste . . . . 42,000 fr.

Ou 100 kilomètres à 42 centimes.

Ainsi, le Conseil général, s'il adopte les nouvelles études, s'il promet par cela même de nouvelles créations, se trouvera obligé, quand arrivera le jour de l'exécution, ou de ne rien faire, ou de recourir à un emprunt. — Il aura éveillé des espérances déçues. — Il excitera tous les mécontentements de la déception. — Il est plus digne de dire aujourd'hui la vérité et d'engager les communes par leurs propres efforts dans une voie qui ne sera pas sans limites.

Les conclusions de la Commission ne sont pas accueillies par le Conseil.

Le Conseil général revient alors au vœu émis dans une séance précédente sur les études des nouveaux classements. — Divers amendements se produisent. — Ils sont tous renvoyés à la Commission, qui, après en avoir délibéré, propose une rédaction définitive conçue en ces termes (Voir à la page 16, le texte même de cette résolution).

Cette résolution ayant été mise aux voix et **votée par** le Conseil, on demande qu'on y ajoute l'invitation à M. le Préfet de présenter au Conseil, en 1848, un tableau d'ensemble complétant le système de viabilité du département. — Cet amendement est adopté.

SÉANCE DU 6 SEPTEMBRE.

Le Conseil général adopte une proposition tendante à inviter M. le Préfet à faire étudier les conditions et les résultats d'un emprunt destiné à faire face aux dépenses nécessaires pour compléter les rectifications des routes départementales, ou pourvoir à l'exécution des chemins de grande communication dans les limites du vote émis dans la séance précédente, à l'effet de mettre le Conseil à même d'examiner dans sa prochaine session, eu égard à la situation financière du département et à l'état de ses voies de communication, l'opportunité de cette mesure.

Imprimerie de BUREAU et Cⁱᵉ, rue Gaillon. 14.